De la part de

Marie Josée
ta nounou qui
t'aime !
xx

13, rue de Genval – BE-1301 Bierges
info@helenexley.fr – www.helenexley.fr

Pour l'édition française : Lise-Eliane Pomier et Florence Thomas
Imprimé en Chine
DL : 7003/2002/28 – ISBN : 978-2-87388-271-6
1 3 5 7 9 11 12 10 8 6 4 2

Pour une MARRAINE extraordinaire

ILLUSTRATIONS DE JULIETTE CLARKE

Une marraine comme toi,
c'est la cerise sur le gâteau de ma vie.

HELEN EXLEY®

Chère Marraine,

Toi qui connais tous mes secrets,
qui me fais toutes sortes de bonnes surprises,
je t'envoie plein de câlins et de baisers pour te dire
que je t'aime plus que tout. Tu es ma meilleure amie.

Je sais qu'à ma naissance tu as versé
des larmes de joie et d'émotion en me tenant
– maladroitement - dans tes bras.
Tu as dit que j'étais «superbe »
et tu as particulièrement admiré
mes petites oreilles, m'a dit Papa.

Une marraine c'est
... celle qui vient à la maternité avec le plus gros
bouquet de fleurs, presque toutes de son jardin,

... celle qui a offert les dragées de mon baptême

... celle qui dit : « Je m'en occupe,
partez tranquillement chez vos amis !»

Tu es présente dans la moitié
de mes plus beaux souvenirs d'enfance.

Une marraine, c'est une deuxième maman
qui ne crie jamais, ne punit jamais
et ne pense qu'à faire plaisir.

UNE RELATION PRIVILEGIEE

Quand une marraine vient chercher son filleul
à la maternelle, elle veut tout voir,
elle questionne longuement la maîtresse.
Tout le monde la regarde bouche bée,
parce qu'elle a un très beau chapeau.
Tu me tenais par la main
et j'étais l'enfant le plus fier du monde.

Une marraine, en un clin d'œil,
vous mange ces vilains épinards
que vous n'arrivez pas à terminer.

Si je pouvais choisir une marraine,
c'est toi que je prendrais.

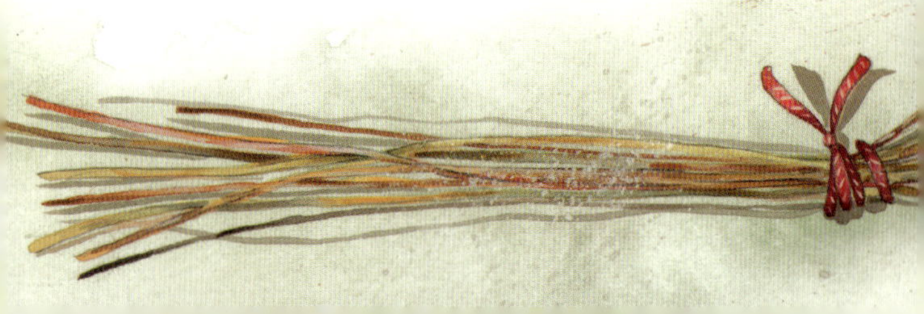

Tu es la meilleure marraine que je connaisse
parce que tu ne me fais jamais de reproches.
Tu ne me dis pas tout le temps :
«Tu ne peux pas faire ceci ou cela» ou
« Tais-toi et mange».
Parfois même nous faisons exprès des bêtises ensemble.
Mais chut !! Tu te rappelles quand on jouait
à dire les pires gros mots ?

Nous avions des secrets même pour mes parents.
Par exemple, chez elle, je pouvais me coucher tard.
On se racontait des blagues parfois jusqu'à minuit.

Le bonheur, c'est découvrir que votre marraine
se fiche pas mal de vos résultats scolaires.

DES LIENS PROFONDS

Je ne sais plus quand,
mais je me rappelle qu'un beau jour,
nos rôles se sont plus ou moins inversés ou confondus.
J'étais adolescente, tu avais attrapé
une méchante grippe et je suis venue t'aider.
Comme j'étais fière et heureuse de m'occuper de toi !
La force et la chaleur de nos liens se renforçaient.
Plus, tard quand je serai mariée et mère de famille,
quel bonheur se sera de te retrouver,
de partager nos confidences
avec ce mélange de générosité
et de retenue qui caractérise notre relation.
Chère Marraine.

Quand je lui ai récité le poème
que j'avais écrit spécialement pour elle,
marraine s'est mise à se moucher et à pleurer.
Elle est pire que Maman.

Que ferais-je sans ma marraine ?
Il y aurait un vide impossible à combler.

QUI SONT LES MARRAINES ?

Les marraines sont des fées, qui se penchent
sur les berceaux et continuent
pendant toute votre vie à vous aimer et à vous cajoler.

Les marraines sont des sorcières bien aimées
qui se souviennent des cadeaux à vous offrir,
qui soufflent sur une écorchure et zou ! Même pas mal

Elles cuisinent des gâteaux au chocolat
et des soufflés glacés aux oranges.

Elles vous gâtent exagérément à Noël
et ont toujours des bonbons dans leur sac.
Quand j'avais treize ans, c'était la grosse bagarre
à la maison pour la permission de minuit.
Un jour je me suis enfuie de chez moi.
Ce n'est pas chez ma copine Zoé que je suis allée.
C'est chez toi. Jusqu'à trois heures du matin
tu m'as écoutée avec un tel sourire de bonté
que j'ai pleuré toutes les larmes de mon corps.
Sans que tu m'y forces j'ai compris l'inquiétude
de mes parents et je leur ai téléphoné.

J'ai senti que tu m'aimais, que tu me comprenais,
que tu serais toujours mon alliée.
Quel cadeau !

TU ME CONSOLES

Quand j'avais un bobo ou un petit chagrin,
quand la maîtresse avait oublié
de me donner un bon point,
quand j'en ai marre de la vie,
quand je me dis que personne ne m'aime,
alors tu es là pour me remonter le moral,
tu me prends dans tes bras et tu me serres très fort,
tu sens délicieusement bon
et la vie recommence.

UNE LONGUE COMPLICITE

Les années passent,
notre complicité s'épanouit
dans une relation qui me charme
de plus en plus.
Quand nous nous retrouvons,
je ne suis plus la petite fille qui courait
se jeter dans tes bras.
Nous sommes deux adultes
qui s'étreignent affectueusement.
Deux petites dames ordinaires
aux yeux des autres.
Deux copines, en réalité,
qui rient de n'importe quoi,
qui partagent des moments forts d'émotion
de joie ou de peine.

Quand je suis née,
mes parents t'ont choisie entre mille autres
pour être ma marraine.
Tu m'as suivie pas à pas
tout au long de mon enfance
et de mon adolescence,
me couvrant de ta discrète bienveillance,
prête à m'aider, m'écouter ;
toujours là quand j'avais besoin de toi.
Aujourd'hui, je suis adulte
et quand je ferme les yeux
et que je pense à toi,
c'est ton visage souriant, plein de douceur,
la tête un peu penchée sur le côté,
le regard plein de bonté que je vois.
Quel bonheur d'avoir
une marraine comme toi !

DES CADEAUX

Ce n'est pas pour ses cadeaux
que j'aime ma marraine ;
mais en réalité c'est un peu pour cela quand même,
car elle sait mieux que personne
ce qui me fait vraiment plaisir.

Depuis très longtemps, j'ai décidé de faire des cadeaux
à ma marraine. C'est normal, je trouve.
J'ai remarqué qu'elle les gardait précieusement.
Ma boîte décorée de graines
est toujours sur sa commode.

Ton plus beau cadeau, c'est quand
tu me serres dans tes bras ; c'est douillet, confortable,
et tu sens bon comme personne.

Un jour, on a passé ensemble un week-end à Paris.
On a marché, marché, vu plein de choses,
j'avais les jambes moulues, je n'osais pas le dire
mais, maintenant, c'est un bon souvenir.

Pour mes dix-huit ans, tu m'as offert un collier de perles.
Je trouvais cela ringard. Maintenant que j'en ai trente,
je suis fière de le porter et je pense à toi.

UNE MARRAINE PARFAITE

Ma marraine est jeune et jolie.
Elle sourit tout le temps. Elle est très gaie ;
on danse et on fait des bêtises ensemble.
Ce qui est bien, c'est qu'elle ne me dit pas tout le temps
«dépêche-toi».

A chaque anniversaire, je guette le facteur
dans l'attente fébrile de la carte de vœux
que tu ne manques presque jamais de m'envoyer.

Tu es une marraine parfaite.

Les marraines sont des personnes
qui vous font découvrir la Tour Eiffel,
les wallabies, les ballets classiques, la fondue savoyarde,
les bélugas de l'estuaire, la Belle au Bois dormant,
Tintin, Bob et Bobette. Et puis un jour peut-être :
Abou- Simbel, Giono,
une croisière dans les Antilles...

J'AI BESOIN DE TOI

J'ai toujours trouvé
que tu habitais trop loin de chez nous.
S'écrire des lettres c'est bien,
se téléphoner aussi, mais se voir,
c'est quand même mieux.

Le soir, je regarde Martin,
l'ours que tu m'as donné à Noël et je le cajole,
je lui parle mais parfois,
je lui donne de grandes claques,
et cela me fait du bien.

Maman dit que tu es une fée de l'aiguille,
qu'elle ne saurait jamais coudre
d'aussi jolis vêtements pour ma poupée Hélène.
A propos, est-ce que tu pourrais lui faire
une salopette bleue ? Elle en a vraiment besoin.

J'avais un peu peur de toi à six ans.
Tu as dit que c'était normal
puisque tu habitais loin et qu'on allait s'apprivoiser.
J'ai pensé à mon canari que j'apprivoisais
mais toi tu m'appelais «ton petit renard».
Je ne comprenais pas mais j'adorais.

TU ES UNIQUE

Tu es ma marraine à moi toute seule. Mes parents, je les adore, mais je dois les partager avec ma grande sœur et mon petit frère. Mes grands-parents aussi je les adore, mais toi, tu es là pour moi toute seule, toujours disponible, toujours à l'écoute.

Merci, ma chère petite marraine, de m'avoir soutenue envers et contre tout pour l'achat d'une mobylette. Tu savais que je n'étais plus un bébé et j'ai suivi tes conseils de prudence.

Ton mari est drôle.
Parfois, je ne l'appelle pas «Oncle Pierre»
mais «Marrain»
et cela nous fait rigoler tout les trois.

Quand j'en ai un peu marre de mon
boulot, je te téléphone et quoi que tu me
dises, tu es la bonne voix accueillante
et douce qui me réconforte.

Je sais que tu es la sœur de Papa.
Je trouve que tu as toutes ses qualités
et aucun de ses défauts.
Mais ne le lui dit pas !

C'est toi qui m'as appris que l'amour,
plus on en donne, plus on en reçoit.

Merci

CET AMOUR QUI NOUS LIE

Quand j'étais petite, j'avais terriblement peur
que mes parents ne meurent tous les deux.
Seule la pensée de ton existence me réconfortait.
J'ai obligé Papa à écrire une lettre pour dire
qu'il souhaitait qu'on me confie à toi
si un malheur arrivait.

Si tu as besoin d'un coup de main,
siffle et j'arrive. Je te dois bien cela.
Tu as tant fait pour moi.

Mes seuls rivaux, je crois que ce sont tes chats.
Tu les cajoles beaucoup et ils ont la chance
d'être tout le temps avec toi.
Parfois, quand tu ne regardes pas,
je leur donne une petite tape
ou je leur tire les moustaches.

Merci pour cette chaude écharpe à carreaux
que tu tricotais déjà au printemps ;
maintenant que l'automne s'annonce,
elle me réchauffe le corps et le cœur.

C'est tout toi, marraine, de penser à moi souvent
pour les petites et les grandes choses,
tu es la source de tant de bonheur.

COMPRENDRE LA VIE

Jamais je n'oublierais ce séjour à la mer avec toi.
Tu as été la première personne
avec qui j'ai osé parler de mes craintes
par rapport à l'avenir, le mien, celui de mon pays,
celui du monde, de mes colères devant l'absurdité,
de mes doutes.

Mes parents ne m'auraient pas compris
et mes copains auraient rigolé.
Parler avec toi m'a fait découvrir
que derrière les peurs il y a un désir immense
une espérance magnifique.

J'ai découvert
– et cela m'a rempli d'une force
qui ne m'a jamais quitté-
que j'étais un être responsable,
que j'étais capable de mener
la barque de ma vie,
capable d'affronter les tempêtes.
Et nous regardions les voiliers au large.